Светлана Лаврова

РУССКИЙ ЯЗЫК
Страницы истории

БЕЛЫЙ ГОРОД

Москва, 2007

ДАР БОГОВ

Ежедневное чудо

«Она веет, как ветер, охватывая все миры, она выше неба и шире земли. Она — владычица богатств, наделяющая ими всех, кто ее чтит. Она делает людей сильными и мудрыми, она порождает споры между ищущими истину. Ее называют царицей богов, она — дочь бога Любви и мать Знания...»

Так написано в древнем тексте. Вы, конечно, не догадались, о ком речь. И неудивительно: кто сегодня знает забытую богиню исчезнувшего народа? Настоящее имя этого народа растворилось в толще тысячелетий. Мы называем его неуклюжим словом «индоевропейцы» и говорим, что он дал начало множеству наций Европы и Азии,

*Славянские **вед**уньи (**вед**ьмы-прорицательницы) ведут свой род от **вед**ической богини Вач*

Вс. Иванов. *Ожидаемая встреча*

Голубиная книга (вернее, Глубинная — от глубины премудрости) — священное сказание наших далеких предков о происхождении вселенной и человека. Н. Рерих. Голубиная книга

в том числе и нам, русским. В богиню Вач, покровительницу Слова и Языка, верили наши очень-очень древние предки. От тех непредставимо далеких времен в древнеиндийском памятнике «Ригведы» осталось только ее имя — Вач, да невежливый, почти ругательный глагол «вякать» — говорить попусту, который нам лучше не употреблять.

Многие народы верили: язык и речь — чудо, данное богами. Об этом хорошо сказал русский писатель А.И. Куприн в рассказе «Вечерний гость»: «Сейчас он войдет, и между нами произойдет самая обыкновенная и самая непонятная вещь в мире: мы начнем разговаривать. Гость, издавая звуки разной высоты и силы, будет выражать свои мысли, а я буду слушать эти звуковые колебания воздуха и разгадывать, что они значат...»

Вдумайтесь — действительно странно. Вы издали несколько звуков: «книга» — и ваш собеседник понимает, что речь идет о предмете, который вы держите в руках. Но ведь эти звуки на книгу совершенно не похожи! Как так получается? Употребляя другие звуки, вы можете выразить радость, позвать на помощь, поделиться своими мыслями насчет, скажем, теоремы Пифагора... Мы привыкли к этому ежедневному чуду, но от этого оно не становится менее удивительным.

Но самое странное — не то, что язык дали нам боги, а то, что его творим мы сами — все время, ежедневно, ежечасно. Причем занимаются этим не какие-то «академи-

Слово — одно из самых совершенных творений Матери всего сущего
Древнее изображение Матери мира

ки», «начальники», а все мы, каждый человек. И ты тоже, конечно. Наш язык не есть что-то застывшее, мертвое. Он, как живой организм, рождается, развивается, совершенствуется, а иногда умирает. Да-да, есть и мертвые языки — они похожи на умерших людей. Некоторые языки мы еще помним (латынь, древнегреческий, древнеболгарский), а другие забыли, и никто никогда не заговорит на них (языки скифов, динлинов, лютичей). Давай вместе пройдем по некоторым страничкам жизни нашего родного русского языка, посмотрим, как из бессвязных звуков, произнесенных животным, родился один из величайших языков мира. И начнем мы с самого начала...

Поэмы Гомера «Илиада» и «Одиссея» написаны на древнегреческом, ныне мертвом, языке
А. Тадема. Чтение Гомера

ПИСЬМО МЫШАМ

Умеют ли говорить животные?

Год был плох для урожая — дождей выпало мало, да еще мыши расплодились. На поле ступить некуда от мышиных норок. Но Адмет не отчаивался, он знал способ отвадить противных грызунов. Жрец сказал ему, что надо написать письмо мышам: «Я заклинаю вас, присутствующие здесь мыши, не приносить мне никогда вреда и не позволять ни одной другой мыши причинять мне ущерб. Я отвожу вам вон то поле (надо указать, какое), но если я когда-нибудь застану вас еще здесь, то клянусь Матерью богов, я вас растерзаю в клочки». Потом надо это письмо прикрепить до восхода к камню в поле. Мыши прочтут и уйдут.

Фарфоровая солонка в виде яичной скорлупы и двух мышей

Это подлинный текст, применявшийся в Древней Греции для борьбы с мышами. Тогда считалось, что все животные умеют говорить и читать. Просто не хотят. Вообще-то доля истины в этом утверждении есть. Животные общаются друг с другом, пода-

Древние представления о том, что животные умеют говорить, сохранились в сказках многих народов

вая звуковые сигналы (и сигналы-запахи, сигналы-движения), — чем не язык? Например, в «курином языке» около десятка звуковых сигналов: «опасность близко», «опасность далеко», «опасность-человек», «опасность-коршун», «еда», «все спокойно», «сюда!». А обезьяны-гамадрилы даже расширили словарь до сорока с лишним «слов». Как же «звериные слова» превратились в богатый человеческий язык?

«ГАВ-ГАВ», «ОЙ-ОЙ», «НЯМ-НЯМ»

Самые первые слова

Существует много теорий происхождения языка. Все исследователи, начиная с древнегреческого философа Диодора, сходятся на том, что древние люди в одиночку не могли обороняться от хищников и добывать пропитание, поэтому жили стаями. Живя в обществе, пусть даже примитивном, они должны были общаться (но ведь куры и гамадрилы тоже живут в «обществе», общаются по мере возможности, однако не разговаривают!). Сначала это были бессвязные звуки, которые постепенно превратились в слова. Какие же слова были первыми? Одни ученые утверждают, что первыми были слова звукоподражательные, например, птичку обозначали «чик-чирик», собаку — «гав-гав» и т.д. Эта теория называется «бау-вау», или, по-русски, «"гав-гав" теория». Другие выдвинули «теорию "ой-ой"», то есть предполагается, что первыми словами были

Одно из древнейших изображений домашнего животного. IV тысячелетие до н.э.

непроизвольные выкрики. Зашел человек в холодную воду, сказал «бр-р!» — и остальные решили обозначать холод словом «бр-р». Третья теория — «ням-ням» — предполагает, что язык начался с тех первых звуков, которые произносит младенец, еще не умеющий говорить: «уа-уа», «ба-ба-ба», «ма-ма-ма». Но и на Чукотке, и на Мадагаскаре одинаково лают собаки, плачут младенцы и вскрикивают люди, входящие в холодную воду. А языки все разные! Есть еще теория, что первым было слово-орудие, помогающее в охоте и труде: «дай», «брось», «ударь», «зажги»... Это было полезно, позволяло договориться, чтобы лучше охотиться, трудиться, обороняться. Но **как именно** это получилось? Вот загадка.

Наскальное изображение сцены охоты II тысячелетие до н.э.

Медвежья услуга.

Письменность — это знаковая система фиксации языка. Она помогает закрепить речь во времени и передавать ее на расстояние. Существует теория, что подтолкнули людей к идее создания письменности... медведи! Дескать, когда древние наши предки выселили из пещер обитавших там медведей, то увидели на стенах какие-то таинственные знаки — полосы, черточки... Это были царапины, которые оставили медведи, точившие когти о стены. Царапины навели людей на мысль, что на гладкой стене можно что-нибудь начертить. А от этого уже два шага до первых рисунков и первых знаков-слов...

Скульптурная реконструкция древнего человека

Когда наши далекие предки поняли, что жить, охотиться и защищаться легче вместе, появился язык как средство общения

МЫ ОДНОЙ КРОВИ...

Загадочные индоевропейцы (XIII—VI века до н.э.)

По земле полз лед. Тысячи тонн застывшей воды — остатки древнего покрова этих земель — двигались на север, к Ледовитому океану, который еще никто не называл Ледовитым. С юга наступали леса — береза, лиственница, следом шли олени и другие животные. За ними двигались люди. Это были уже настоящие люди, а не дикие обезьяноподобные животные. 13—15 тысяч лет назад они умели слагать чудесные истории о мире вокруг них. О звезде, стоящей неподвижно (потом ее назовут Полярной), о длинной полярной ночи, о северном сиянии... Люди не записывали эти истории — до изобретения букв должны были пройти века. Они запоминали священные тексты и запрещали потомкам что-либо менять в них.

Потом эти истории под названием «Ригве-

А. Муха. *На исконной родине*

Реконструкция наряда древнего охотника, жившего в V тысячелетии до н.э.

Вс. Иванов. *Внуки Перуна*

да» запишут ученые в жарких землях Индии. Узнают северное сиянье, описание березы и прочие реалии Заполярья и удивятся: откуда южане-индусы так хорошо знают природу Крайнего Севера? По указанной в гимнах длине полярной ночи посчитают, что сочинители «Ригведы» жили севернее Мурманска. И родится гипотеза: предки индусов (и иранцев, и славян, и других) в начале начал обитали в районе Русского Севера. Потом откочевали к югу и юго-западу, потому что 6 тысяч лет назад приятный, теплый климат Заполярья заметно похолодал. Кочевали тысячи лет, по пути «становясь» славянами, готами, гуннами, иранцами... Хотя есть и гипотеза, что славянские племена пришли из Палестины или из Африки.

Эта книга посвящена истории русского языка, а не вопросу происхождения индоевропейцев. Поэтому подчеркнем то, что важно для нашего разговора: славяне — индоевропейский народ, потомки удивительных кочевников, сочинивших «Ригведу», и братья индусов, иран-

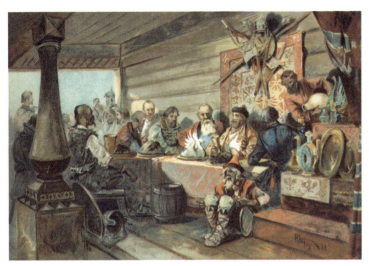

Н. Каразин. *Пир у князя Владимира*

цев, французов, литовцев... И в языке нашем сохранилось много черточек забытого индоевропейского языка. Например, «мать» — по-литовски «мотэ», по-ирански — «мата», по-индийски — «мата», по-немецки — «муттер», по-гречески — «матер». «Брат» у тех же народов — «бротэлис», «бхрата» (у иранцев и индийцев), «бродер», «фратор».

Санскрит в деревне Качалово. Известный индийский специалист по санскриту (это древний индийский литературный язык) Д.П. Шастри вспоминает, как в московской гостинице горничная дала ему ключ от номера и сказала: «двести тридцать четыре». А на санскрите это звучит «двишата тридаша чатвари». Потом Шастри был в гостях в русской деревне Качалово, и хозяйка представила гостю родных: «Он мой сын, она моя сноха». Индус все понял, потому что на санскрите «сын» — это «сунна», «мой» и «моя» — «мадий» и «мадия», «сноха» — «снукха». А фраза «Тот — ваш дом, этот — наш дом» на санскрите звучит: «Тат вас дам, этат нас дам».

«Отец» и «папочка». *Мы не знаем точно, как индоевропейцы называли отца, но это слово звучало похоже на индийское «питар», или иранское «пэтар», или греческое «патэр», или германское «фатер».*

Д. Бернини
Король
Людовик XIV

А откуда же взялось наше слово «отец»? Тоже от индоевропейского, но ласкового «ото» (у греков «атта»). «Ото» означало что-то вроде «папа». А «отец» — «папочка». Но со временем славянам и слово «отец» стало казаться неласковым, и его заменили еще более «домашние» и теплые «батя», «тятя». Четыре раза «смягчалось» слово! Подобные примеры позволили ученым предположить, что семейный быт славян был мягче и «добрее», чем, к примеру, германский или римский быт того же времени, где отец имел право продать или даже убить ребенка. Или сравните прозвища киевского князя Владимира — Красное Солнышко и французского Людовика XIV — Король-солнце!

С. Иванов. *Семья*

НЕСКОЛЬКО ЗАГАДОК

Что заставляет язык изменяться?

Язык включает три основные части: система звуков (*фонетика*), словарный запас (*лексика*), правила изменения и соединения слов и построение предложений (*грамматика*).

Прежде чем двинуться дальше по туманному пути истории, следует выяснить очень важные вопросы: когда изменяется язык? И почему?

Ответ на первый вопрос прост: язык изменяется постоянно, каждый день. Но в какие-то времена быстрее, в какие-то — медленнее. Ответ на второй вопрос сложен. Все изменения в языке можно разделить на две большие группы.

Первая группа — это изменения, связанные с жизнью общества: язык изменяется тогда, когда изменяется человеческая жизнь. Попали люди в новую местность, сделали ли новые вещи, появились новые понятия — и язык реагирует на это возникновением новых слов. Например, во времена татаро-монгольского нашествия в русском языке появились сотни тюркских слов («башмак», «арбуз», «колпак» и т.д.). Какие-то не прижились, иные остались. Или во второй половине XIX века возникла необходимость в названиях для механизмов — плодов научно-технической революции. Такие изменения в языке понятны, и мы их подробнее рассмотрим в следующих главах. Этим изменениям подвержена *лексика*.

Лист из древней книги с текстом на старославянском языке

К этой же группе относятся изменения, вызванные деятельностью отдельных людей. Например, Ломоносов в XVIII и Пушкин в XIX веках много сделали для развития русского литературного языка. Это случается, конечно, не только в русском, но и в любом другом языке. Без сомнения, писатели, поэты, политики тоже не случайно, не по собственной прихоти влияют на язык, они опираются на более глубинные изменения общества, но и эти изменения более-менее объяснимы.

Зато **вторая группа** изменений языка совершенно загадочна. Им подвержены *фонетика* и *грамматика*. Внешне эти изменения совсем не связаны с событиями в жизни людей. На-

В. Бычков. *Нашествие*

В. Тропинин
Портрет А.С. Пушкина

Н. Овечкин
М.В. Ломоносов

Эти термины вы еще встретите.
Общеславянский (или древнеславянский) — это язык славян до II—VII веков, до того, как они разделились на западных (польский, чешский, словацкий и др. языки), восточных (русский, украинский, белорусский) и южных (болгарский, сербский, македонский и др). Древнерусский — это язык восточных славян VIII—XV веков, когда русский, украинский и белорусский языки были единым языком (на нем написано, например, «Слово о полку Игореве»). Старославянский (древнеболгарский, церковнославянский) — это язык переводов греческих книг на славянские языки, он пришел на Русь с возникновением кириллицы (с IX века). Старорусский — старинный русский язык XVI—XVIII веков. Термин современный русский язык — может употребляться в значении «язык от Пушкина до наших дней», или «язык от 60-х годов XIX века до наших дней».

пример, в общеславянском языке были особенные носовые гласные, а потом они исчезли (сохранились только в польском языке, да в самых старых летописях остались их обозначения: Ѫ — «юс большой» и Ѧ — «юс малый»). Почему? После X века в древнерусском языке исчезли так называемые редуцированные гласные (на письме их обозначали ь «ерь» и ъ «ер»). А в старорусском языке (то есть в русском, но старинном) исчез двугласный звук, который обозначался буквой Ѣ («ять»). Звуки-то исчезли, а буквы остались. А злополучный Ѣ еще долгое время был кошмаром русских школяров: им приходилось заучивать на память длинный список слов, в которых его следовало писать. Отсюда возникла поговорка «знать на ять» — крепко, назубок. Звуки, обозначавшиеся в общеславянском языке буквами Ѫ, Ѧ, ь, ъ, Ѣ мы сейчас не произносим и даже точно не знаем, как они звучали. Почему? Ведь гортань и другие органы речи у нас точно такие же, как у предков-славян. Ученые говорят, что многие изменения языка обусловлены загадочными процессами, происходящими внутри самого языка. То есть язык — сложная «живая» система, живущая по своим законам.

Б. Ольшанский. *Слово о полку Игореве*

ИЗ ДАЛЕКОГО ДАЛЕКА

*Слова и фразы древних славян
в нашем языке
(VI—VIII века)*

Жило в VI веке на землях нынешней Венгрии и Австрии тюркское племя обров. Теперь их нет — сгинули в бесчисленных войнах с венгерскими племенами. И не вспомнили бы мы о них, да чудом с тех далеких времен сохранилась поговорка «погибоша аки обре» («погибли, как обры», то есть окончательно). Поговорка редкая, может, ты ее и не слышал ни разу. Это не единственный случай. В любом языке сохранились слова и фразы из очень далекого прошлого. Во французском языке, например, есть слово «огр» — великан-людоед. Огры, или угры, — это те же древние венгры, которыми франкские матери в VI—VII веках пугали непо-

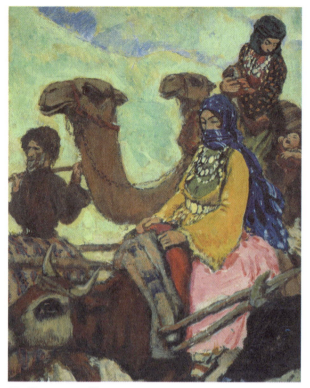

Е. Лансере. *Кочевники тюрки*

слушных детей, а потом слово стало обозначать страшное сказочное существо.

Есть такие примеры и в русском языке. Например, поговорка «после дождичка в четверг» возникла, когда славяне еще верили в языческих богов. Перуна — бога громовержца — молили о дожде (четверг считался священным днем Перуна).

Выражение «очертя голову» связано с верой в то, что нечистая сила не может переступить круг. Поэтому при встрече с нечистью надо «очертить голову», обвести себя круговой линией.

Выражение «как пить дать» тоже старое. По обычаям древних славян, никто не имел права отказать человеку в воде — даже лютому врагу.

«Как с гуся вода» — это часть заклинания. Заболевшего человека обливали «наговорной водой», чтобы все

Д. Уотерхаус. *Магический круг*

А. Клименко
Перун

«Навьи» и «навигация».
Наши предки верили: мы не умираем насовсем. После смерти начинается путешествие души в мир мертвых, которым правит богиня Навь. А сами умершие становятся «навьями». Современные ученые выдвинули гипотезу: наше слово «навьи», образовано от индоевропейского «нау», означавшего и похороны, и ладью. Поэтому родственниками нашим славянским «навьям» оказались слова: «навигация» — прокладывание курса при плавании, «наутилус» — моллюск, плавающий в океане, даже «космонавт» — плавающий в космосе...

болезни стекли с него, «как с гуся вода» (ведь с гуся вода стекает, не смачивая перьев, потому что перья водоплавающих птиц покрыты специальным жиром, не дающим им намокнуть).

Давно уже истлели кости наших славянских предков, не осталось и следа от их домов, превратились в щепки их деревянные идолы-боги... а кусочки их живой речи, хрупкое, невесомое слово живо десять, пятнадцать, двадцать веков... Это ли не чудо?

Погребальная ладья древних воинов Гродно. XII в.

Г. Семирадский. *Погребение знатного руса*

ЖЕНСКИЙ, МУЖСКОЙ, СРЕДНИЙ И ДРУГИЕ

Род — осколок далекого прошлого

Рассказывают, что обедали однажды русский, немец и англичанин. Один из них уронил ложку. «О, скоро в гости придет женщина», — сказал русский, вспомнив старое суеверие (уронил ложку — жди гостью, уронил нож — жди гостя). «Почему женщина? — удивился немец. — Придет мужчина». — «Я думаю, придет официант и принесет чистую ложку», — сказал англичанин.

Действительно, в русском языке «ложка» — женского рода, в немецком — мужского, а в английском вообще родов нет. Поэтому англичанин не понял, при чем тут мужчина или женщина.

Ученые считают, что в русском языке род — женский, мужской, средний — это осколочки древних представлений праславян о мире. Академик Виноградов писал, что женский и мужской род — живые ископаемые. Чтобы как-то упорядочить свое представление о мире, наши предки делили все окружающее на классы. А поскольку для первобытных народов все явления природы и предметы были живыми, вполне логичным представлялось, что они могут быть

У славян Род — это бог-покровитель семьи, рода

А. Сытов. *Земля и небо*

«мужскими» и «женскими». Со средним родом сложнее. Есть гипотеза, что сначала среднего рода были понятия великие и всеобъемлющие — небо, земля, солнце, и только потом к ним присоединились другие. А есть прямо противоположное мнение: среднего рода было нечто подчиненное, слабое, неодушевленное. У древних германцев был «вещный род», этакий класс для вещей, в который входили и рабы, и дети.

Нож с изображением пахаря. XIV в.

В заморских странах.

В языке африканского народа масаи только два рода. Первый род включает в себя все большое и сильное, второй — все маленькое и слабое. У монумбо (народ Новой Гвинеи) пять родов. Первый род — все стоящее и высокое, второй — сидящее и широкое, третий — лежащее, широкое и низкое, четвертый — все плавающее, пя-

Х. Платонов
Деревенская девочка

тый — летающее. Мужчины по этой классификации 1-го рода, женщины — 2-го. Солнце — 5-го рода, но когда солнце только встало из-за горизонта, то оно 3-го рода. А африканский народ луганда перещеголял даже монумбо: у них более 10 родов, например, есть специальный род для обозначения совсем маленького количества чего-нибудь (капля воды). Возможно, англичане и армяне оказались мудрее всех. У них в языке вообще нет родов.

А. Волосков. *Торжок*

ТЫ — МНЕ, Я — ТЕБЕ
«Слова-гости»
(II век до н.э.—VIII век н.э.)

Плывут ладьи по полой воде, держат путь на Торжок-остров. Высока вода, а ладьи сидят низко — тяжело гружены. Везут русичи цеженый мед в липовых долбленках, плавленую вощину кругами. Везут шкурки бобров, белок, горностаев, воловьи кожи. Везут самый ценный товар — зерно. Его охотнее всего берут ромеи. Пруссы и варяги тоже не брезгуют. Русичи получат за зерно много добра: жгуты красной и желтой меди, ножи заморской выделки, слитки железа, пестрые ткани. А главное — соль, соли нет в землях русичей. Вечером молодежь будет слушать рассказы старейшин: как ходили к Южным морям, в ромейские города, как плавали на север, к холодному Ильмень-озеру.

Славяне общались с соседями очень активно: то они ездили в гости, то гостей принимали. Иногда, правда, это было не мирное гостевание, а война. От V—VII веков в нашем языке сохранилось не так много слов. Часть из них — «гости» из других языков. Такие слова называют заимствованными.

Статуя Сварога

Самым древним заимствованиям более 2000 лет, они пришли из Ирана (может, через скифов). Это слова «свят», «бог», «сто», «топор», имена богов Хорс и Сварог, впрочем, некоторые исследователи считают эти слова нашими, исконными, пришедшими от предков-индоевропейцев. От готов, или древних германцев, в IV—V веках мы получили слова «князь», «мыт» (подать), «худог» (искусный, от этого — слово «художник»), «меч», «броня», «шлем» и очень много еще. Готское слово «тьюд» (народ) славяне переделали в «чудь», «чуждь» — чужой. Интересно, что слова «крест» и «церковь»

Б. Ольшанский. *Рось Великая*

О. Долгая. *Натюрморт со шлемом*

проникли на Русь раньше, чем князь Владимир крестил страну, и именно от германских народов. И старославянское «букы», и наша «буква» — это порождение германского слова, означавшего письмо (буковый брусок, на котором вырезались буквы). Готское слово «хлайбс», ставшее на Руси «хлебом», тогда означало лепешку из кислого теста, которая была, вероятно, заморской диковиной — на Руси выпекали хлеб пресный. Кстати, готы заимствовали свой «хлайбс» из кельтского.

От скандинавов мы получили меньше слов, чем от готов. Это «гать» (дорога), «ящик», «крюк», «серьга», «гридь» (свита князя), «тиун» (наместник князя), «дротик», «багор»... Раньше считалось, что скандинавы-варяги чуть ли не создали русское государство, и вообще, где бы мы, бедные, без них были. Когда подсчитали слова, заимствованные от варягов, то стало ясно, что роль варягов в истории Руси, мягко говоря, преувеличена.

Процесс обмена словами был обоюдным. В 458 году готский историк Иордан описывает на латыни похороны гуннского вождя Аттилы и упоминает слово «страва». Но это славянское слово обозначало похоронный обряд. Готы заимствовали у нас и слово «плясать». А в романские языки в VI веке от славян пришли слова «коса», «грабли», «телега», «ось», «спита» (спица), «обада» (обод), «сноп», «стог», «полита» (полка), «гард» (изгородь), «ограда», «градище» (городище), «щука», «вихор» (вихрь) — всего в научной статье о славянских словах в романских языках перечислено

Костяной наконечник дротика

В. Васнецов
Призвание варягов

А. Васнецов
В горнице древнерусского дома

Р. Берггольц
Изба

78 слов, после чего стоит многозначительное «и другие».

Византийский император при договоре с венграми и печенегами упоминает славянское слово «закон» без всяких объяснений, как хорошо знакомое. Византийский историк рассказывает, что в 591 году славянские послы были отправлены к императору для заключения мирного договора и упоминает слово «гусли», тоже без пояснений. В армянских хрониках VIII века встречается слово «сало». Мелочи, конечно. Но эти мелочи показывают, как бурно шел процесс обмена словами между разными народами даже в те далекие времена.

Средневековые гусли из Новгорода

Греки мылись в русской избе? *Русское слово «изба», оказывается, тоже иностранное. Во французском есть слово «эстофа» — баня, в немецком «штубе» — комната, а у нас дом называли «истьба». Все эти слова обозначали «отапливаемое помещение» и родились от греческого названия бани — «бальнеон», хотя вроде бы ничего общего — только слог «ба». Кстати, наше слово «комната» родилось от римского «камината» — комната с камином, отапливаемая комната. А первоначально комната называлась «горницей» — от «горний», то есть верхний. Вот такая была путаница.*

ВРЕМЯ ПЕРЕМЕН
IX—X века — эпоха крутого поворота

Для русского языка, да и для всей истории Руси, это был самый важный период. Три события произошли в эти неполные 150 лет. Во-первых, создание славянской письменности болгарскими монахами Кириллом и Мефодием в 863 году. Во-вторых, начало создания Древнерусского государства со столицей в Киеве — туда перенес престол Вещий Олег (879—912). В-третьих, принятие христианства в 988 году. На Руси верили в Христа и раньше, хотя большинство почитало Перуна и Сварога. Но в конце X века князь Владимир приказал всем русичам верить в Христа, хотя разве можно приказать во что-то верить?

Вместе с православием хлынул на Русь поток выразительного греческого языка. «Кедр», «идол», «тетрадь», «палата», «парус», «кукла», «терем», «лохань», «стих»... Появились христианские имена. Раньше родился, например, мальчик в лютую стужу, так и назвали его Мороз. Родилась младшенькая дочь в семье, вот и назвали Малуша. А что означают Василий или Евлампия, имена

Святые просветители Кирилл и Мефодий
Роспись болгарского православного храма

М. Шаньков. *Крещение Руси*

незнакомых греческих святых? Именно с той поры пошел обычай давать ребенку два имени. Одно — то, которым священник окрестил. Другое — домашнее прозвание, понятное и легко произносимое. Иногда в истории оставалось именно это, понятное имя, например, украинский гетман Богдан Хмельницкий по документам был Зиновий, а имя Богдан (данный богом) — дохристианское.

Примерно в это время вошел в русскую культурную жизнь древнеболгар-

ский (старославянский) язык. На нем были написаны церковные книги, потому что Болгария стала христианской раньше Руси и письменность пришла к нам из Болгарии. Нам повезло — поляки и чехи «получили» в качестве церковного языка латынь, совершенно чужой язык. А древнеболгарский был почти понятен древним русичам (общие предки как-никак) и очень обогатил древнерусский язык. В нашей речи осталось немало его следов. Например, вот такие пары: «голова» — «глава», «город» — «град», «ворота» — «врата» (вратарь), «голос» — «глас». Второе слово из каждой пары — древнеболгарское. В русском языке оно словно «потеряло» одну гласную, поэтому такие слова называются неполногласными. Они придают речи возвышенный характер. «Громкий голос» и «глас божий», «открытые ворота» и «врата рая», «лохматая голова» и «глава семьи» — правда, чувствуется разница? Еще из древнеболгарского пришли суффиксы *-ущ* и *-ющ*. Для русского

А. Карнеев
Крестины

С. Присекин
Да будет здесь земля Болгария!

А а аз	**Б б** бу́ки	**В в** ве́ди
Г г глаго́ль	**Д д** добро́	**Є є** есть
Ж ж живе́те	**Ѕ ѕ** зело́	**З з** земля́

І і и	**И и** и́же	**К к** ка́ко	**Л л** лю́ди	**М м** мысле́те
Н н наш	**О о** он	**П п** покой	**Р р** рцы	**С с** сло́во
Т т тве́рдо	**Оу оу** ук	**Ф ф** ферт	**Х х** хер	**Ѡ ѡ** оме́га
Ц ц цы	**Ч ч** червь	**Ш ш** ша	**Щ щ** ща	**Ъ ъ** ер
Ы ы еры́	**Ь ь** ерь	**Ѣ ѣ** ять	**Ю ю** ю	**Ꙗ ꙗ** я
Ѥ ѥ е	**Ѧ ѧ** юс малый	**Ѫ ѫ** юс большой	**Ѭ ѭ** йотированный юс малый	**Ѩ ѩ** йотированный юс большой
Ѯ ѯ кси	**Ѱ ѱ** пси	**Ѳ ѳ** фита́	**Ѵ ѵ** и́жица	

До появления на Руси арабских цифр для счета использовались буквы. Чтобы отличить цифры от букв, сверху ставился особый знак — титло (‒). Так произошло слово «число». Числа от 11 до 19 записывались особым образом: вначале писались единицы, а затем десяток (например, $\overline{вi}$ = 12). Остальные писались так же, как пишутся сейчас: вначале десятки, затем единицы (например, $\overline{рз}$ = 107). Для записи числа, содержащего тысячи, использовался подстрочный знак, обозначавший увеличение в тысячу раз (например, $\overline{_{\ast}зфг}$ = 7503)

$\overline{а}$ 1	$\overline{в}$ 2	$\overline{г}$ 3	$\overline{д}$ 4	$\overline{є}$ 5	$\overline{ѕ}$ 6	$\overline{з}$ 7
$\overline{и}$ 8	$\overline{ѳ}$ 9	$\overline{i}$ 10	$\overline{к}$ 20	$\overline{л}$ 30	$\overline{м}$ 40	$\overline{н}$ 50
$\overline{ѯ}$ 60	$\overline{о}$ 70	$\overline{п}$ 80	$\overline{ч}$ 90	$\overline{р}$ 100	$\overline{с}$ 200	$\overline{т}$ 300
$\overline{оу}$ 400	$\overline{ф}$ 500	$\overline{х}$ 600	$\overline{ѱ}$ 700	$\overline{ѡ}$ 800	$\overline{ц}$ 900	

Поцелуй
Открытка. Начало XX в.

языка характерны -уч и -юч, например, «плакучий», «колючий», «горючий» — это русские слова, а «плачущий», «колющий», «горящий» — древнеболгарские. Многие слова, оканчивающиеся на -ство, -ствие, -изна, -ние, -тель, — тоже болгарского происхождения («братство», «бедствие», «отчизна», «воспоминание», «искатель»).

Уста и очи. *Вроде бы один смысл у слов «око» и «глаз», а окраска разная. Это стоит учитывать, когда пишешь сочинения. Поэт С. Наровчатов заметил: «Уста целовали и лобзали, а лихорадка высыпала только на губах». Древнерусские и древнеболгарские слова в современном языке имеют возвышенную окраску. Не надо ставить фингал под оком... впрочем, под глазом тоже не стоит, лучше решить дело мирно.*

Греческие оладики. *Кто бы мог подумать, что родные «оладьи» на самом деле — «древние греки»? Древнегреческое «еладион» — это масляная лепешка.*

«Халтуру» тоже принесли на Русь греки, от «халкоз» — медная монета. Сначала это слово обозначало нечто дешевое и некачественное, потом — даровую еду, а сегодня — тоже некачественную работу. Еще забавнее история слова «куролесить». Оно образовалось из греческого церковного выражения «кирие елейсон» — «Господи, помилуй!», которое поет хор во время богослужения. Русские певчие плоховато знали греческий и коверкали греческие слова невообразимо. Сначала возникло слово «куролеса» — неразбериха, путаница (в XIX веке еще была пословица «поет куролесу, а несет аллилуйю», то есть все перепутал). Потом появился глагол «куролесить» — чудить, производить сумятицу.

СТРАННОСТИ ДРЕВНЕРУССКОЙ ГРАММАТИКИ
Что произошло после X века

Потрескивая горит одинокая свеча. Усталый больной человек склонился над столом. Тяжко дышать... В груди хрипит что-то и словно ворочается. Это старая, уже забытая лихорадка южных земель вернулась. Застудился, видать, в пути, она и накинулась. Такая метель была за Днепром! Он уж и забыл, что бывают такие метели, привык за эти годы к испепеляющей жаре бусурманских стран. Ничего, отойдет. Даже и ладно вышло: на Тверь пока идти неможно, сил нет, так надобно записать все то, что видел в землях далеких. Он обмакнул перо и начал рассказ: «...Тут есть Индейская страна и люди ходят наги а голова непокрыта а грудь гола а во-

Неизвестный художник. *Певчие*

лосы в одну косу плетены... а детей у них много а мужи и жены все черны и аз хожу куды ино за мною людей много дивятся белому человеку».

Это — строки из «Хожения за три моря» храброго купца Афанасия Никитина, в XV веке «прогулявшегося» от Твери до Индии. Почему так странно выглядит текст? Предложения присоединяются друг к другу, просто прилипая, без знаков препинания. Потому что в те времена мышление было четким и одноплановым (сперва одно, потом другое и никаких ответвлений). Такой же была и письменная речь. Пунктуация (наука о знаках препинания) в X—XV веках практически отсутствовала. И только в XVI веке стало важно выделить главное и второстепенное в тексте, тогда появились сложносочиненные предложения. Наверное, у тебя в школе с ними немало хлопот.

А на каком языке писал Никитин свою книгу? Наверное, это еще древнерусский язык. Он начал складываться

Н. Дмитриев-Оренбургский. *На пашне*

примерно в X веке. Процесс этот шел пять веков... нет, конечно, никто не назовет точную дату, когда из общеславянского язык стал древнерусским, из древнерусского — старорусским, из старорусского — современным. Дело было долгое, не одновременное в разных землях. Например, в некоторых диалектах (это варианты языка, на которых говорят в разных местностях) до сих пор сохранились древнерусские слова, давно исчезнувшие из языка литературного. Если где-нибудь в Архангельской области вы услышите фразу «тракторист Иванов две недели орал на самом далеком от деревни поле», то не надо жалеть беднягу Иванова и вызывать к нему «скорую помощь». «Орать» — означает на древнерусском «пахать» (может, ты встречал в былинах слово «оратай» — пахарь). На Севере России это слово сохранило исконное значение.

Возникали новые слова, исчезали старые. Но были и другие, более сложные изменения. Например, за 1000 лет число склонений сократилось с 7 до 3, вместо трех чисел остались два — единственное и множественное, а двойственное число (для двух предметов) затерялось

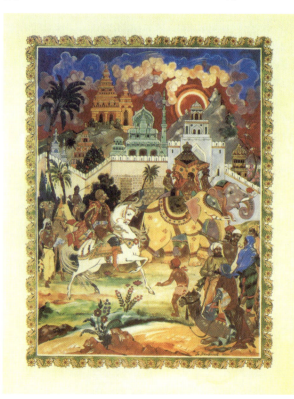

Б. Немтинов. *Хождение Афанасия Никитина за три моря*

«Палаты райские». Народная картина

среди веков. Времен глаголов было 9, осталось 3. Согласись, что изучать грамматику в XII веке было сложнее, чем сегодня.

«Волос», «колос», «голос». *Похоже звучат слова, правда? А во множественном числе это сходство куда-то девается: «волосы», «колосья», «голоса». Это остатки древних форм числа. «Волосы» — множественное число, «колосья» — собирательное, а «голоса» — двойственное. Собирательного и двойственного числа давно нет, а следы их остались в современном языке.*

Заботливые предки. *Очень мило со стороны наших предков позаботиться о сегодняшних школьниках и сократить число грамматических форм. Не все народы такие заботливые. Например, папуасы максимально усложняют изучение своего языка. Взять, к примеру, глагол «есть». Папуасы используют 6 глагольных форм. Если человек видел, как кто-то ел, то это одна форма. Если не видел, но присутствовал и как-то процесс воспринимал (например, слышал чавканье), — вторая форма. Если не видел еды, но видел обглоданные кости, — третья.*

Если видел кости, но их уже выкинули, — четвертая. Если не видел ни еды, ни объедков, но остались косвенные признаки того, что в доме обедали (например, остался запах жареного мяса), — пятая форма. Если не видел, не слышал и не нюхал, но вроде бы кто-то должен был обедать, потому что время обеденное, человек этот голоден, а еда у него есть, — шестая форма глагола.

Со звуками тоже происходили странные вещи. Сегодня мы пишем, к примеру, «плов», «кров», а произносим [плоф], [кроф] — оглушаем звонкий согласный в конце слова. До XII века этого не происходило и звука [ф] в конце слова вообще не было! Почему в XII веке все звонкие согласные в конце слов «оглушились» — совершенно непонятно! Теперь говорим [грат] вместо [град], [прогнос] вместо [прогноз] и получаем двойки, если пишем, как говорим. Были и другие изменения звуков: то они смягчались, то вместо [т] стало произноситься [щ] («райские кущи» — это не «райские кусты», как можно подумать, а «райские куты», то есть уголки). И причины этого своевольного поведения звуков совершенно необъяснимы.

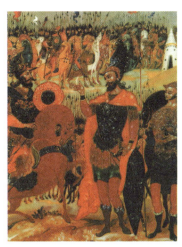

И. Голиков. *Выезд Игоря и Всеволода*

Слова были более «дисциплинированными», чем звуки, в их изменениях можно выделить хоть какие-то закономерности. С течением веков происходило постоянное уточнение смысла слова. Вот, например, слово «верста» в XI—XII веках обозначало и поворот плуга, и длину борозды, и собственно борозду, и прямую линию, и пару, и возраст. В XVIII—XIX веках «верстой» называли меру длины, прямую линию и высокого человека. В XX веке — только меру длины. А в современном языке это слово упоминается только как устаревшее. Словом «супруги» мы сейчас обозначаем мужа и жену. А в древнерусских текстах «супругами» были не только муж и жена, но и братья, и даже волы, запряженные в одну упряжку! То есть все, действующие совместно, соединенные в одну упряжку хоть в прямом, хоть в переносном смысле.

Конечно, и со словами происходили необъяснимые вещи. Например, в древнерусском языке были слова «шуий» и «десный» — левый и правый. В XI веке «шуий» сменился на левый. А «десный» продержался еще 400 лет и только в XV веке постепенно стал «правым». Почему — непонятно. На карте ты можешь увидеть эти «умершие» слова в названиях рек Десна и Шуя.

Помнишь, как в «Слове о полку Игореве» величали брата Игоря — «буй тур Всеволод»? Этот князь был силен, энергичен, вот и назвали его так, ведь «буй» — по-древнерусски «высокий холм», «буй тур» — сильный могучий тур (были такие дикие быки в те времена). Похвалили князя так — назвали «буйным». Но уже в XIII веке слово «буйный» приобрело отрицательный оттенок — слишком сильный, слишком неистовый, слишком гордый. «Паче меры гордели и буели», — неодобрительно пишет о ком-то летописец. А в XVI веке «буйный» — уже не только неистовый, но и... сумасшедший. «Сотворися буй», — пишет русский автор о том, как сошел с ума Брут, сын Мария. В словаре XVIII века слово «буй» обозначает дурак, потому что неприлично в обществе назвать дурака дураком, «буй» звучит куда пристойнее. А потом слово исчезло, оставив только прилагательное «буйный».

«Слово о полку Игореве» Титульный лист

Сколько нужно падежей?

В финском языке 15 падежей, в венгерском — 22, в некоторых африканских наречиях — 52. На этом фоне наши 6 падежей выглядят скромно. В древнерусском языке было на три падежа

И. Машков. *Вечер на реке Десне*

Г. Шлихт. *Сказка о рыбаке и рыбке*

больше. «Лишними» с течением веков оказались отложительный, местный и звательный падежи. Отложительный показывал, откуда начато движение: «я *из лесу* вышел...». Местный показывал место действия при состоянии покоя: «я стою *в лесу*». Потом отложительный слился с родительным, а местный — с предложным. А примеры звательного падежа ты не раз слышал. Вспомни бессмертную рыбкину фразу: «Чего тебе надобно, *старче?*». Или народную песню, которую слушает Пугачев в «Капитанской дочке»: «Не шуми, *мати* зеленая дубравушка». Или слова Тараса Бульбы: «Слышу, *сынку*». Рыбка «позвала» старика, певец — мать-дубраву, Тарас — сына, поэтому они применили старинный звательный падеж. В украинском языке и некоторых диалектах он сохранился и сейчас.

НЕОБЫКНОВЕННЫЕ ПРИКЛЮЧЕНИЯ РАДУГИ НА РУСИ

Когда белое было зеленым, а черное — синим

Певцы были хороши. Одежды обильно изукрашены вышивкой, инструменты богато разузорены. Особенно выделялся старший из них: высокий осанистый старик с седыми волосами и спускающейся на грудь бородой. Игнатий Смольнянин записал: «Певцы же стояху украшены чудно. Старейший бе красен яко снег белый».

С названиями цветов в древнерусском языке вообще происходили странные вещи. Вот, например, «испил богатырь чару зелена вина». А почему «зелена»? Зеленого вина в те времена на Руси не существовало, это уже потом придумали всякие ядовито окрашенные напитки типа газировки «тархун». В «Слове о Полку Игореве» описывается, как черные тучи с моря идут, а в них трепещут синие молнии. Никто в мире не видел синих молний, их просто нет.

Ученые считают, что человек на заре истории не различал цвета. Так будто бы видят мир собаки и кошки (хотя ни одна кошка не откровенничала на эту тему, и различает ли она цвета — неизвестно). Потом в черно-белый мир во-

А. Бубнов. *Тарас Бульба*

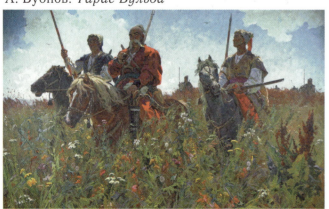

В. Васнецов. *Гусляры*

рвался красный цвет, цвет крови и огня — дело происходило еще в каменном веке. Некоторые племена в Африке и сегодня различают только белый, черный и красный, остальные цвета неважны, их как бы нет — и названий для них нет. Красный цвет по-древнерусски назывался «червеный» (были такие насекомые — червецы, из них готовили красную краску). Потом, очень медленно, от белого «отпочковался» зеленый. Он обозначал всю светлую часть спектра — голубые, зеленые, светло-желтые цвета… «Зелено вино» русских былин — это не зеленое вино, а светлое вино. Потом от черного отделился синий. Причем он еще долгие века обозначал не только синий цвет, но и степень блеска. «Синие молнии» из «Слова о полку Игореве» — не синие, а блестящие. В середине XX века в северной деревне старушка назвала блестящие резиновые сапожки «синими», потому что они блестели, хотя они были черными. И современное выражение «иссиня-черный» — оттуда же.

В 1073 году радугу описали так: «В радуге свойства суть — червеное и синее и зеленое и багряное». Багряным называли и темно-красный, и темно-синий, и темно-фиолетовый, то есть все темное. Значит, в XII веке радуга для русича состояла из 3-4 цветов. В XIII веке радуга обогатилась желтым и голубым, хотя голубым называли и все серое — по цвету оперения голубя. Слова «оранжевый» и «фиолетовый» пришли к нам в XVII веке (кстати, считается, что впервые отделил фиолетовый от синего

Н. Рерих. *Молния*

Исаак Ньютон, а до него радуга кончалась синим цветом).

А что там с красно-белым певцом из книги XV века? Все очень просто. Слово «белый» обозначало не только белый цвет, но и нечто светлое, сияющее, хорошее. «Белые очи», «светлые очи» — это сияющие, ясные глаза («глаза белы, ростом велик» — это описание красивого человека XVI века). А слово «красный» до XVI века означало «красивый». То есть Игнатий Смольнянин хотел сказать, что певец был прекрасен, как белый снег — символ чистоты.

Ф. Солнцев
Чарка

Вс. Иванов. *Радуга над Арконой*

Б. Ольшанский. *Волшебство*

Сколько в мире цветов? *Физиологи говорят, что наш глаз различает до 10 миллионов(!) цветов и оттенков. Конечно, столько слов для обозначения цвета нам не нужно — обходимся несколькими десятками. Ученые подсчитали, что человек может назвать максимум 50 наименований цветов.*

РУСЬ И ОРДА
Татаро-монгольское иго (XIII—XV века)

Прискакали всадники «племен неведомых», поработили Русь, несмотря на яростное сопротивление. Однако все оказалось не так просто и для страны, и для русского языка. Последствий для страны мы сейчас касаться не будем. А вот что касается языка, то он пополнился множеством тюркских слов. «Тэнкэ» (серебряная монета) превратились в «деньги», «ходжа» (господин, учитель) — в «хозяина», «тавар эш» (совладелец товара) — в «товарища», «кюльбасты» (жареное мясо) — в «колбасу», «алаша» — в «лошадь», «иштон» (нижние штаны) — в «штаны», «кара авыл» (охраняй село, аул) — в «караул»…

Конечно, трудно сказать точно, когда появилось то или иное слово, но все ученые согласны, что в это время в нашем языке прижилось очень много татарских слов. Сложился даже некий вариант двуязычия, когда все русичи немного говорили по-татарски, а татары — по-русски (с этой точкой зрения соглас-

Л. Фомичев. *Орда*. Роспись шкатулки

Тюркские и монгольские ткани и украшения

«Куликовская битва»
Иллюстрация
из русской летописи

ны не все ученые). Даже монеты чеканили сразу на двух языках, а это показатель достоверный. Кстати, двуязычие держалось и после падения татаро-монгольского ига: при Иване Грозном, в XVI веке, на русских «свеженьких» монетах была выбита надпись «москов акчасы будыр» — «это деньга московская».

Так что же, русский язык «отатарился»? Вовсе нет.

Особенности языка XIII—XV веков отражены в летописях. Это смешение «с» и «ш» («порошата» вместо «поросята»), это окончание неопределенной формы глагола -ти, («писати», «сести» вместо «писать», «сесть»). Это третье лицо единственного числа глагола с древним мягким окончанием -ть (пьють, зовуть). Это многие другие характерные черточки, перечислять которые долго, да и не нужно. А чужие татарские слова... отчего же не взять? Если слово подходящее — приживется, обогатит язык. Если не подходит — забудется само собой.

Зачем рубили деньги? *Есть гипотеза, что слово «рубль» появилось именно в лихую годину татарского нашествия. Гривну — большую серебряную домонгольскую монету — рубили на части, эти-то куски и стали называть рублями. Но рубли никогда не «рубили», их отливали. Возможно, это слово произошло от арабского «руп» — четверть, которое в свою очередь возникло от индийского «рупия» — серебряная монета.*

*Киевская гривна
XII—XIII в.*

Происхождение родной нашей копейки тоже покрыто мраком. Говорят, название возникло из-за того, что на монетке 1535 года был изображен князь с копьем, так вот в честь этого копья копейку и назвали. Вроде бы логичнее в честь князя назвать, ну да ладно. Есть еще гипотеза: копейка родилась раньше, во времена ига. «Копек» (собака) — так татары называли восточные монеты с изображением герба знаменитого полководца Тимура. На гербе вообще-то был лев, но львов татары никогда не видели и назвали «собакой» — «копек» (хотя «собака» — тоже татарское слово, и чем она хуже неведомого «копека»?).

Князь и свинья. *Существует легенда, что первым «подложил свинью» лихой князь Александр Невский. В 1242 году он разгромил на Чудском озере немецких рыцарей-крестоносцев. А при чем тут свинья? При том, что грозный способ построения войска назывался «свиньей». С тех пор якобы и бытует на Руси выражение «подложить свинью», то есть устроить крупную неприятность.*

В. Серов. *Ледовое побоище*

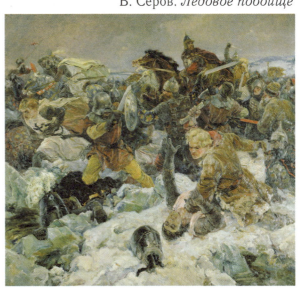

Неизвестный художник. *Книги и часы*

Время интеллектуального молчания — так называли *эпоху господства татаро-монгольского ига на Руси. Конечно, времена были трудные — татаро-монгольское иго на дворе! Но именно в XIII веке, в 1282 году, был создан древнейший русский толковый словарь! Он состоял из 174 слов — греческих, древнееврейских, древнеболгарских — и являлся приложением Кормчей книги. Это явно был не первый словарь, просто более ранние не сохранились.*

ИВАН ГРОЗНЫЙ И КОЛОБОК

Русский язык в XVI веке

В многотомном издании «Всемирная история» 1999 года в конце каждого тома есть список исторических событий, происходивших в каждой стране. Кто с кем воевал, кто что построил и так далее. И можно заметить интересную вещь: до 1480 года (это дата свержения ига на Руси) перечислены в основном войны. А с конца XV века отмечаются иные события: судебные реформы Ивана III и Ивана IV, созыв первого Земского собора, выпуск первой печатной книги... Нет, были и войны, конечно. Но такое впечатление, что страна срочно начала думать, писать, перестраивать свою жизнь...

Язык не мог не откликнуться на такие бурные события. В это время воз-

А. Литовченко. *Иван Грозный показывает сокровища английскому послу Горсею*

«Апостол». Лист с заставкой. Печатник Иван Федоров. 1564 г.

никло много устойчивых выражений, связанных с судами (еще бы, две судебные реформы за полвека!). В основном они грустные — в тогдашнем суде правда и не ночевала, а наказания были жестокими. «Стать как вкопанный» — это о страшном наказании за убийство, когда виновного зарывали живым в землю по плечи. «В ногах правды нет» — это о методах дознания: подозреваемого били палками по ногам, но добиться признания («правды») не всегда удавалось. «Вся подноготная» — это от еще более жестокой пытки, когда под ногти загоняли иглы. «Шиворот-навыворот» — это гораздо менее страшное наказание. При Иване Грозном «шиворотом» назывался расшитый воротник боярской одежды. Если царь сердился на боярина, то велел надевать ему одежду наизнанку (шиворот-навыворот) и ехать на кляче задом наперед. Такому позору многие бояре предпочли бы пытки. «Толочь воду в ступе» — это наказание, которому подвергали провинившихся монахов. «Пока суд да дело» — пока суд решит, кто виноват, пройдет очень много времени...

Конечно, не все было так печально, как кажется при перечислении этих фраз. Например, выражение «казанская сирота» (человек, который прикидывается несчастным, чтобы разжалобить) напоминает о радостном

Станок Московского печатного двора. XV в.

С. Иванов. *Земский собор*

для Руси событии. 1552 год, наконец-то взяли Казань — столицу татарского царства! Многие татарские князья перешли в христианство, переселились в Москву, получили от царя подарки... Вот их-то и называли насмешливо «казанские сироты» — дескать, прибедняются, чтобы побольше у царя выпросить.

При Иване Грозном оживились отношения между Россией и Англией. Царь даже хотел жениться на английской королеве Елизавете... впрочем, из этого ничего не вышло. При английском дворе Россия стала модной страной, хотя дело было не в романтическом сватовстве русского царя, а в торговле. Северные меха, северный моржовый зуб, северный морской проход в дальние

С. Иванов. *Суд в Московском государстве*

Н. Миклухо-Маклай

страны... Английские купцы в 1553 году получили право монопольной торговли в Московии. В 1573 году посол Горсей побывал у царя и записал: «Русский язык — самый богатый и изящный язык в мире». Русский язык учили купцы, придворные, им даже заинтересовалась королева (славянские письмена, написанные затейливой вязью, выглядели очень красиво). В английский язык вошли «мамонт», «воевода», «царь», «верста», «пуд», «мед» и многие другие экзотические слова экзотической страны. Некий Дж. Тербервиль, попавший в Россию в 1569 году вместе с посольством, даже сочинил стихи про квас и «мед — усладу пьяных уст».

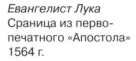

В XVI веке выходили из-под пера монахов азбуковники-словари. А типо́граф Иван Федоров выпустил первую печатную книгу. В 1596 году вышел первый печатный словарь...

Ф. Солнцев
Старинный топор

А потом началось Смутное время.

Н. Миклухо-Маклай у папуасов Новой Гвинеи

Евангелист Лука
Сраница из первопечатного «Апостола» 1564 г.

А. Любимов. Проект памятника первому русскому типографу Ивану Федорову в Москве

Два русских топора. *«Топор» («тапор-эх») было первым русским словом, появившимся в английском языке, оно записано в английской хронике 1031 года. Но оно быстро из языка исчезло — забылось. Другой русский «топор» («топорр») ученые с недоумением обнаружили в конце XIX века на берегу Новой Гвинеи. Папуасы называли так любую металлическую секиру. Оказывается, русское слово «топор» занес на южные острова путешественник Н. Миклухо-Маклай во время экспедиции на берег Маклая.*

Знаменитый колобок. *Кто не помнит бессмертного произведения о шустром круглом хлебце, сбежавшем путешествовать! А между прочим, колобок упоминается в «Памятниках дипломатических сношений с империей Римскою» 1597 года: «Съ хлебенного дворца колачь крупичатой въ пять колачей, курникъ, колоб, три пирожки подовых». Да и позднее его упоминают люди знаменитые: английский путешественник и посол Ричард Джеймс (начало XVII века), протопоп Аввакум (1673).*

ДУРНЫЕ ПРИМЕТЫ

Хвостатые звезды и рыбы-киты Смутного времени

Было так: стояла в небе звезда хвостатая, рогатая, дьявольская. И умер царь Иван. Потом умер сын его маленький, Димитрий-царевич. Сказывают, что его убили. Потом, в лето 1592, приплыла в северные моря рыба-кит, непотребно огромная, чуть Соловецкий монастырь не своротила. А Печерский монастырь сполз вместе с оползнем в 1596 году и разрушился — то все за грехи наши! И умер царь Федор. Сказывают, что его убили. Стал царем Борис, роду невеликого. И стали волки в лесах пожирать друг друга, бури вырывать деревья, а в небе днем стояли два солнца, а ночью — две луны. От Пскова до Нижнего лил дождь 12 недель, а в августе начались метели, и по Днепру на санях ездили — это в августе! А в следующий год были опять морозы, а летом пожары. И стал голод. Люди ели солому и траву, потому что кошек и собак уже съели. И людей ели люди.

С. Блинков. *Царевич Дмитрий*

А. Зинин
Чудо-юдо рыба-кит

В 1604 году опять явилась хвостатая звезда, и было ее видать даже днем. И царь Борис умер. И набежали враги, и стала война и кровь. Пришло на Русь Смутное время.

Когда жизнь народа круто меняется, язык реагирует тут же: появляются новые слова и выражения, меняется грамматика. Было принятие христианства, татаро-монгольское иго, Петровская эпоха, эпоха Екатерины, научно-техническая революция, Октябрьская революция — все бурные времена отражал язык, как зеркало.

А Смутное время — нет! Не нашел автор этой книги заметных следов той

С. Иванов. *Смутное время*

А. Эйснер. *Предвестник Смуты*

С. Присекин
Борис Годунов

Ф. Солнцев. *Знамя князя Д. Пожарского*

эпохи в современном языке. Ну, вот, пожалуй, выражение «труса праздновать». Осенью 1612 года Минин и Пожарский разгромили войско некоего Струса, который позорно бежал, и отпраздновали это событие. С тех пор «труса праздновать» означает сильно испугаться. И все! Ни новых слов (к примеру, заимствованных из польского, у врагов), ни новых выражений, ни новых закономерностей...

Может, не таким уж страшным было Смутное время? Да нет, куда уж хуже — гибель царской династии, гибель государства, иностранное нашествие, кризис веры, смерть кругом. Может, наоборот — время было таким страшным, что произошло нечто вроде паралича — не отреагировал язык на такое крушение всего? В медицине это называется «запредельное торможение», когда на очень сильный раздражитель организм просто не реагирует. А может, автор плохо искал, и есть какие-то следы Смутного времени в русском языке? Попробуйте поищите вы, может, вам больше повезет.

А. Кившенко. *Воззвание Кузьмы Минина к нижегородцам*

КТО ПЕРВЫЙ?

Немецкое платье и первые корабли. XVII век

— Слыхала? Патриарх Никон супротив царя Алексея Михайловича каверзное дело учинил! Попросил патриарх прислать ему немецкие кафтаны, какие в Москве уже зачали не только немцы носить. Царь-батюшка прислал. А патриарх сии кафтаны разрезал на мелкие лоскуточки и сжег! Дескать, немецкое платье — соблазн и дьявольское наущение. Вона сколь немецких швецов в городе! На то патриарх Никон зело обижается. А царь корабли строит, видом не наши, а немецкие, и чудное дело при дворе затеял. Там люди вроде скоморохов пляшут и басни складывают, а бояре на сие смотрят. «Театр» название сему.

На фоне мощной фигуры Петра I его предшественники как-то померкли в народной памяти. И зря. Алексей Михайлович и Федор Алексеевич твердой рукой начали сближать Россию с Европой. И первые корабли по западному типу, и театр, и процветающая Немецкая слобода, и мода на немецкое платье, и идея выхода к Балтийскому морю, и привлечение иностранных специалистов, и развитие горного дела, и военная реформа — это политика Алексея Михайловича. Не на пустом месте начал великий перелом Петр, и не он был первым.

А что же в русском языке? Начался приток иностранных слов — не так бурно, как при Петре. Возникло много устойчивых выраже-

А. Литовченко. *Царь Алексей Михайлович и патриарх Никон, архиепископ Новгородский, у гроба чудотворца Филиппа, митрополита Московского*

ний, связанных с правосудием, — это тоже показатель оживленной общественной жизни. Конечно, трудно датировать точно «день рождения» пословицы, но большинство исследователей сходится в том, что именно в это время широко распространились выражения «остаться с носом», «кричать во всю Ивановскую», «в долгий ящик» и другие.

К. Вещилов. *Приезд иностранцев в Российское государство*

Ф. Солнцев. *Становой шелковый кафтан*

Из Книги Бытия Рукопись. XVII в.

Неизвестный художник. *Вид царского дворца в Коломенском с востока*

Н. Колупаев
Лихие люди

У кого что на «лбу написано», и кто «остался с носом»? *«На лбу написано»* — при Алексее Михайловиче ужесточились законы против разбойников. Очень уж много лихих людей злодействовало по дорогам. Сначала им выжигали букву «Б» (бунтовщик) на правой щеке, потом стали выжигать на лбу, «чтобы они от прочих добрых и неподозрительных людей отличны были». Отсюда же выражение «заклеймить позором». *«В долгий ящик»* — царь приказал установить перед своим дворцом в Коломенском ящик, куда любой мог опустить жалобу. Это было полезное начинание, но очень уж долго лежали жалобы в ящике, годами не разбирались дела. *«Остаться с носом»* — эта фраза тоже связана с судом. *«Нос»* — это не деталь лица, а то, что ты принес для судьи, чтобы он решил дело в твою пользу. А если принес мало или не то — судья «нос» не возьмет, и уйдешь ты «с носом». *«Коломенская верста»* — по приказу Алексея

А. Янов. *Приказ в Москве*

Михайловича на *«столбовой»* дороге между Москвой и летней царской резиденцией в Коломенском были заново промерены расстояния и установлены высоченные верстовые столбы. С той поры высокого человека стали в шутку называть *«коломенской верстой».*

А. Киселев. *Портной и кошечка*

Происходили в языке и другие события, напрямую с политикой и экономикой не связанные. Например, язык медленно определял для себя, для какого слова какой круг падежей и предлогов пригоден. Этот процесс продлился до конца XVIII века, но активно пошел он именно в описываемые времена. Почему — непонятно. Например, древний русич никогда бы не сказал «пойти за водой». Только «пойти по воду». А «пойти за водой» — значит, пойти по течению воды, вниз по реке. В XVII веке начали употребляться оба этих варианта. «Повадился волк за овцами» — неверно, надо — «в овце». В XVII веке язык стал пробовать разные варианты, нормы стали расширяться.

Король, королевич, сапожник, портной... Почему не «сапожник и портник» или «сапожный и портной»? Раньше говорили «сапожный швец» и «портной швец». Примерно в царствование Алексея Михайловича стали встречаться современные формы — «сапожник» и «портной». Почему язык так их разделил — загадка.

«Азбука гражданская с нравоучениями, правленная рукою Петра Великого»

Государственные печати Петра I

ЦАРЬ ЛЕТИТ НА САМОЛЕТЕ

Казусы петровского времени

«...Особый отряд... переправлен на правый берег и... флотилия блокировала ее (*крепость*) со стороны Ладожского озера; на самолете устроена связь между обоими берегами Невы...»

Какое время описано в этом отрывке, какая война? Первая мировая? Великая Отечественная? Приготовься удивиться. Это отрывок из 78 тома «Энциклопедического словаря Брокгауза и Ефрона» (1903), о том, как войска Петра I овладели крепостью Нотебург.

Представь: Петр I летит на самолете!

Дело в том, что «самолетом» в те времена называли самоходный паром, движущийся силой речного течения. Вообще, петровское время щедро на загадки и заблуждения в области русского языка. На первый взгляд все просто: страна круто повернула лицом к Западу, поэтому в наш язык проникло много иностранных слов. «Армия», «атеист», «аффект», «багаж», «база», «баланс», «балкон», «балл», «балласт» — это начало длинного-предлинного списка заимствованных в те времена слов, приведенного в справочнике «Современный русский язык». Поток непонятных слов захлестнул сначала офи-

В. Нагорнов. *Заморские гости*

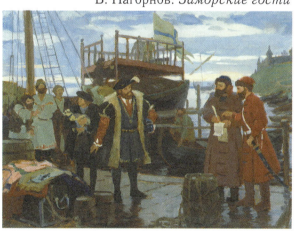

И. Колесов. *Генерал-фельдцейхмейстер Я.В. Брюс*

циальную переписку, потом вторгся в обыденную речь. Петр, несмотря на приверженность ко всему иностранному, вынужден был даже издать указы, направленные против чрезмерного увлечения иноземными словами, потому что иногда совершенно неясно было, о чем идет речь. Издавались пояснительные записки, где объяснялось значение «импортных» слов: «прелюдия» — «предыграние», «юриспруденция» — «законоискусство», «экскузация» — «извинение», «мумия» — «древних лет человек», «багаж» — «вещи домовые», «поры» — «дырки во всякой плоти сущия»… Но за неполные сто лет язык

М. Виллие. *Праздничный трезвон*

И. Билибин. *Рында*

«переварил» чужие слова, оставив то, что ему было нужно… и множество заблуждений. Например, многие считают, что именно Петр первым ввел европейские названия месяцев — январь, февраль и прочие. Но еще в XII веке в летописи встречаем: «месяц январий рекомый просинец, месяц октемберий рекше листопад». Эти названия употреблялись за столетия до Петра!

А в 1709 году был издан так называемый «Брюсов календарь на 200 лет с предсказаниями о погоде, урожае, солнечных и лунных затмениях и о судьбе каждого человека». Календарь был назван по имени его составителя, Якова Брюса — сподвижника Петра I.

Вторжение «иностранцев» породило много недоразумений. Наверное, самое знаменитое — детективная история с «битьем рынды». За что били рынду (царского телохранителя) на петровских кораблях и где этих рынд находили, если это звание давно отменили? Нет, бедный рында ни при чем. Английские моряки говорили: «ринг зе бэлл» — ударь в колокол, а наши переделали в «рынду бей», что значило «звонить в корабельный колокол».

Менее известна история о «ремонте лошадей». Да-да, именно о ремонте! Французское слово «ремонт» пришло к нам в петровское время и означало «замену в армейских частях состарившихся лошадей новыми». Подобных историй множество, только про русский язык в петровское время можно отдельную книжку написать.

Корабельный колокол — рында

При чем тут малина? *Знаменитый русский малиновый звон... а почему именно малиновый? Дело, конечно же, в языках. Название фламандского (ныне это территория Бельгии) города Мехелена (Mechelen) французы произносили как «Мали́н» (Malines). И славился Малин своими колоколами и школой звонарей. Именно оттуда в петровское время в Россию начали привозить нежно звучащие колокола, многие из которых и по сей день украшают звонницы Москвы и Петербурга. Чистый и ясный звон колоколов из Малина в России назвали... малиновым!*

И. Пасс. *Первый реверанс*

ВОЗЛЮБЛЕННАЯ ЗАРАЗА

Большая путаница XVIII века

Дети в костюмах XVIII века
Фарфоровая статуэтка

Кончик гусиного пера ползет по белому листу. Неспешно так ползет: писание — дело тонкое. Не то напишешь — сраму не оберешься. В наше время важно слыть просвещенным. Письмо рождается медленно: «...что до меня касается, я должен трепетать вашего взора»; «я вами совсем не известен»; «не верьте клеветникам, моя возлюбленная зараза. Когда нет способа избавиться клевет, убегайте их, они — яд. Как скоро письмо окончу, то к вам его сообщу».

Это подлинные фразы из писем XVIII века. Как странно они звучат: «трепетать взора», «убегайте клевет», «вами неизвестен»! Это не безграмотность. Русский язык, примеряя разные грамматические конструкции, словно выбирает, что ему подходит, что останется надолго, а что забудется.

Итак, XVIII век. Растет интерес к просвещению, растет грамотность (пока среди знати), пишутся книги, ставятся спектакли... За 30 с небольшим лет — три реформы русского письма (1707—1710, 1735 и 1738)! В 1789 году начата работа над первым толковым словарем русского языка. Растет поток иностранных слов, на этот раз — французских, а не немецких и голландских, как при Петре. Французские пословицы переводятся на русский буквально (это называется «калька»): «это его конек» (увлечение, хобби) — фраза из французского перевода романа Стерна «Сентиментальное путешествие», модного в России в конце XVII века. Теперь мы говорим: «Компьютер — это его конек»,

Е. Бем. *Я к Вам пишу, чего же боле?..*

Портрет
В. Тредиаковского

хотя скакать верхом на компьютере затруднительно. Иногда при переводе возникали курьезные ошибки. Возьмем известную поговорку «не в своей тарелке», то есть быть не в настроении. Французы так и говорят «не в настроении», но по-французски слово «ассьет» означает и настроение, и тарелку. И конечно, на русский перевели «тарелку», а не «настроение». Хотя посуда здесь совершенно ни при чем.

Многие привычные для нас слова имели другие значения. Например, «зараза» — это прелесть, привлекательность. А слова «предмет» и «обнародовать» считались неприличными (позднее, уже в XIX веке, в разряд неприличных попали «вдохновитель», «бездарность», «талантливый»).

Люди стали задумываться о происхождении слов. Особенно знаменит был этим поэт В.К. Тредиаковский и его объяснения географических названий.

Н. Ярошенко. Хор

К. Мирошник. *Скифы*

Италия на самом деле — искаженное «Удалия», потому что удалена от России. Норвегия — Наверхия, потому что расположена на севере, на верху карты. Британию правильнее называть Братания (от слова «брат»). Скифы — это скиты (от слова «скитаться», то есть кочевники). Турки — юрки, юркий и шустрый народ. Забавно? Да, смешно и неверно. Но показывает интерес к изучению языка, который возник в это время.

Немузыкальная шантрапа. *Один русский помещик решил создать хор из крепостных крестьян и поручил это французу гувернеру. Француз прослушивал мужиков, подходящих направлял на веранду, где писарь вносил их в список хора, а неподходящим говорил: «Il ne chantera pas» (иль не шантра па) — «он не будет петь». К толпе «забракованных» мужиков подошел староста и спросил, будут ли они петь. «Не! Шантрапа!» — сказал один крестьянин, коверкая слова француза. «Тогда, шантрапа, проваливай на работу!» — скомандовал староста. Так вроде бы на Руси появилось новое ругательное слово, означающее бездельников, не пригодных ни к чему людей.*

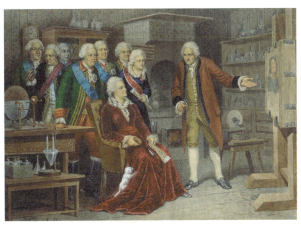

А. Кившенко. *Ломоносов показывает Екатерине II в своем рабочем кабинете собственные мозаичные работы*

О. Кипренский
*Портрет
А.С. Шишкова*

Д. Левицкий
*Портрет баснописца
И.И. Дмитриева*

Что сделал Ломоносов для русского языка? *А сделал Михаил Васильевич очень много. Создал учение о стилях языка. Сумел соединить два литературных языка — русский и церковнославянский: в сущности с од Ломоносова началась новая русская литература, с новыми размерами стиха и новым языком. Поэт ввел слова «зажигательный», «огнедышащий», «преломление», «равновесие», «кислота», «удельный», «негашеная известь», «горизонтальный», «диаметр», «минус», «квадрат», «горизонт», «градусник» и другие. Выделил в своей «Грамматике» числительное как отдельную часть речи. Придумал название творительному падежу.*

Салфетка вместо «здравствуйте». *В XVII веке бытовало забавное приветствие «салфет вашей милости». Оказывается, это искаженное латинское «salvete» — здравствуйте. С латынью русские дворяне того времени не сильно дружили, вот и переделали попонятнее, желая всем встречным салфетку вместо здоровья.*

Кавалер и дама. Фарфоровая статуэтка

ТИХОГРОМЫ И МОКРОСТУПЫ
Бескровная война начала XIX века

Свеча догорала. Александр Семенович вздохнул, потряс песочницей над листом бумаги, осторожно отложил исписанный лист. Устали глаза, устала спина. Все-таки он уже не молод. Но нельзя же бросить дело на молодых, они все погубят! Великий русский язык погибнет, удушенный иностранными словами. Зачем русскому человеку уродливое слово «фонтан»? Ни к чему. Можно сказать «водомет». На отложенном листе как раз выписаны столбики слов: тротуар — «топталище», галоши — «мокроступы», фортепьяно — «тихогром», биллиард — «шарокат», эгоизм — «ячество», гримаса — «рожекорча»... И понятно, и звучит хорошо.

Это была славная война! Не гремели выстрелы, не рвались снаряды. Но ядовитых эпиграмм, насмешек, издевательств с той и другой стороны было преизрядно. Шишков, Шихматов и другие члены общества «Беседы любителей русской словесности» пытались изгнать из русского языка заимствованные слова,

Рисунки А.С. Пушкина на рукописях «Гробовщика» и «Драматических сцен» («Маленьких трагедий»)

Н. Петрова
Письмо Онегину

А. Митьковец
Медный всадник

нещадно их переводя (одна «рожекорча» чего стоит!). Их противники — поэты Карамзин, Дмитриев и другие — боролись против засилия устаревших церковнославянских слов. Обе стороны увлекались и перегибали палку. «"Персты" и "сокрушу" производят какое-то дурное действие», — писал Карамзин Дмитриеву. Он же выступал против вовсе уж безобидного слова «парень»: при этом слове «...является моим мыслям дебелый мужик, который чешется неблагопристойным образом или утирает рукавом мокрые усы свои, говоря: ай парень! что за квас! Надобно признаться, что тут нет ничего интересного для души нашей».

И вот вышел на литературную арену Пушкин. Сначала он примкнул к Карамзину и развлекался веселыми эпиграммами на Шишкова. Прошли годы. И случилось небывалое: один единственный человек сумел изменить рус-

ский литературный язык! Гениальный русский поэт и прозаик, Пушкин, использовал и заклейменные Карамзиным церковнославянизмы, и иностранные слова, презираемые Шишковым... А в результате получился новый эталон языка. И сегодня современным литературным языком филологи называют язык от Пушкина до наших дней!

В. Никонов. *Памятник А.С. Пушкину*

Кабинет А.С. Пушкина в Болдино

ПОЧЕМУ ОБИДЕЛСЯ ЦАРЬ?

Все быстрее, сложнее, иностраннее

Никогда не знаешь, где споткнешься. С царями осторожнее надо. Вроде бы бумага составлена по всем правилам. А Его Величество осерчать изволили. Резолюцию писал, аж чернила брызгали! А из-за чего? Из-за слова «прогресс». Собственной царственной рукой начертал: «Что за прогресс!!! Прошу слова этого не употреблять в официальных бумагах».

За что Александр II обиделся на «прогресс» в 1858 году? Хорошее слово, звучное, точное. Не зря вошло оно в современный русский язык. Но тогда оно было символом революционного движения — неблагонадежное слово. Как и другие слова, которыми пестрели газеты: «социальный вопрос», «направление», «класс», «союз», «элемент», «лагерь», «мракобесие», «животрепещущий»... Слова-то хорошие, а вот смысл им стали придавать опасный и вредный, по царскому мнению. Середина и вторая половина XIX века — это взлет общественно-политической мысли. И русский язык включил в себя совершенно особый пласт слов. Да что там

Неизвестный художник
Портрет Александра II

безобидный «прогресс»! Впереди были иные слова: «забастовка», «баррикада», «демонстрация», «манифестация», «интернационал»...

А еще появилось много технических терминов. Еще бы — научно-техническая революция: торжествует наука, развивается промышленность! Кстати, слово «промышленность» в конце XVIII века придумал поэт Карамзин, тот самый, что спорил с Шишковым.

Кроме лексики (слов) в русском языке к концу XIX века явственно изменились интонация и темп. Это самые неуловимые черты языка. Ускорялся темп жизни, и люди стали говорить быстрее (это станет еще более заметно в XX веке) и с немножко другим выражением, интонацией. Продолжило свое путешествие ударение — оно никогда не было чем-то незыблемым в русском языке (не то, что, к примеру, во французском, где ударение фиксировано на последнем слоге, или в венгерском, где оно на первом слоге). «Му́зыка» стала «му́зыкой», «принси́п» — «при́нципом». А вот «засу́ха» продержалась с ударением на втором слоге до начала XX века.

Г. Савицкий
Всеобщая забастовка

И. Репин
Манифестация 17 октября 1905 года

Дело всей жизни. В 1866 году произошло знаменательное событие — вышел «Толковый словарь живого великорусского языка» В.И. Даля. Это был не первый и не последний русский словарь, но подобного не было никогда и, видимо, не будет. Десятки лет один человек собирал слова, пословицы, сказки, песни по всей России — собрал столько и так их систематизировал, что не превзошли его до сих пор ни коллективы, ни учреждения. Владимир Иванович Даль был мичманом, хирургом, судьей, воином, мостостроителем... Но главным делом его жизни был Словарь. Рассказывали, что последними словами Даля перед смертью было обращение к дочери: «Запиши, пожалуйста, словечко...»

В. Перов. *Портрет В.И. Даля*

«Толковый словарь живого великорусского языка» В.И. Даля

НА ЗАРЕ XX ВЕКА

Чем лилия футуристам не угодила?

Жила-была лилия. Жила она недолго — цветок все-таки. Но предки ее существовали на этой земле в течение тысячелетий. Почти 4 тысячи лет назад, в 1750 году до н.э., рисовали лилию на вазах художники острова Крит. Ассирийцы и греки, египтяне и римляне восхищались прекрасным цветком. Современное имя дали лилии древние галлы более двух тысяч лет назад. «Ли-ли» на древнем галльском — «белая-белая». Прошло это имя по странам и векам почти без изменений. И вдруг название «лилия» забраковали! Русский футурист (было такое направление в искусстве) А. Крученых писал в начале XX века: «Лилия прекрасна, но безобразно слово "лилия", захватанное и "изнасилованное". Поэтому я называю лилию "еуы" — первоначальная чистота восстановлена». Загрустила лилия — столько веков была «лилией» и вдруг стала какой-то «еуы»!

Но зря огорчался прекрасный цветок. Русский язык сбросил с себя не только «еуы», но и «охотею», «будетлян», «летобу», «леторадость» и подобные диковинные слова, придуманные поэтами-футуристами, которые, чувствуя приближение нового времени, хотели всё-всё сделать по-новому. И особенно важно им казалось изменить язык. Так просто: придумаем новые слова — и жизнь изменится, станет новой, справедливой, красивой. Да здравствует светлое будущее! Ведь название «футуризм» происходит от латинского слова «футуре» — будущее.

Язык — живет и развивается по своим законам. Его невозмож-

Н. Ремизова. *Шарж на Игоря Северянина*

И. Левитан. *Водяные лилии*

О. Браз. *Портрет
А.П. Чехова*

К. Васильев. *Портрет
Ф.М. Достоевского*

Ботинки с браслетой. *Да, начало XX века было странным временем. Чехов возражал против слова «чемпион», называя его некрасивыми и вычурным. Маяковский придумал 2840 новых слов. В живую современную речь не вошло ни одно, но свою роль в стихах они выполнили. «Ботинок» был то мужского рода, то вдруг становился «ботинкой», «браслет» периодически именовался «браслетой». Стало модно говорить быстро, проглатывая окончания, или, наоборот, манерно растягивая слова. Все колебалось, все было неустойчиво...*

но изменить вопреки этим законам. Многие слова, придуманные писателями и поэтами, русский язык принял: Достоевский ввел в обиход слово «стушеваться», Карамзин — «промышленность» и «будущность», Салтыков-Щедрин — «головотяпство», Игорь Северянин — слово «бездарь». Но навеки канули в Лету «кюхельбекерно» Пушкина, «драмодел» Чехова, «шлепохвостница» Достоевского, «людосек» Герцена, «исчахлость» Толстого, «клеветон» Лескова, «рьянь» и «звездь» Маяковского...

*Афиша выставки картин
и программа диспута футуристов*

ЛИШНИЕ БУКВЫ

Реформа языка 1917—1918 годов

— Отменили! Отменили! — Ника влетел в класс с радостным криком... и замер.

На кафедру уже взгромоздился вредный преподаватель словесности Веденеев, по прозвищу Юс Большой. От него гимназистам больше всех доставалось.

— Что отменили? — ласково спросил Юс.

— «Я... ять» отменили, — запинаясь, сказал Ника. — И «ижицу».

— Понятно. Два часа после уроков, чтоб не кричал в школе всякие глупости, — еще более ласково сказал учитель.

— Мой отец приехал из Петрограда, — волнуясь, что ему не поверят, заторопился Ника. — Там ходят слухи, что отменяют «ять» и «ижицу», и «ер»... Во всей России!

*Страницы «Букваря»
Кариона Истомина
1694 г.*

Неизвестный художник. *Портрет гимназиста*

— Слухи — это хорошо, — сказал Веденеев. — Три часа после уроков.

И записал: «Стожаров Николай оставлен на 3 часа после уроков за...» Тут неожиданно лукавая улыбка скользнула по лицу учителя, и он закончил: «...за отмену "ятя" и "ижицы" во всей России».

В основу русского алфавита легли греческие буквы. Среди них было много неподходящих для русской речи — всякие «кси» (Ѯ), «пси» (Ѱ), «юсы» (Ѧ, Ѫ) и прочие. Петр I в 1707 году отменил «пси», «кси», «омегу» (Ѡ), «ижицу» (Ѵ) и другие, потом в 1710-м восстановил «ижицу», в 1735-м «ижицу» опять убрали, в 1758-м снова ее воскресили... Словом, к началу века в алфавите сохранились 4 «лишние» буквы: «ять» (Ѣ), «ижица», «и» с точкой (i), «фита» (Ѳ) и еще — «ер» (ъ) в конце слова. «Ять» когда-то был полезной буквой, обозначавшей звук, похожий сразу на [и] и [э]. Постепенно этот звук исчез из русского языка, а «ять» остался — ненужным памятником забытому звуку. «Фита» была близнецом «ферта» (ф), обе эти буквы обозначали звук [ф]. Такими же «близнецами» были «и», «i» и «ижица» (эта редкая буква обозначала звук [и] в некоторых заимствованных греческих словах, например, «синод», «миро»). А «ер» в конце слова показывал твердость звука — но это можно было обозначить просто отсутствием мягкого знака.

Слухи о реформе азбуки ходили в течение всего 1917 года, еще до революции (вообще-то реформу готовили с 1888 года). Советская власть ликвидировала буквы, усложнявшие правописание, и отменила написание «ъ» в конце слова. И теперь мы имеем 33 буквы вместо 37 и более простые правила.

РЕВОЛЮЦИОННЫЙ ВЗРЫВ
Переломный 1917-й и то, что было дальше

Чем больше меняется жизнь, тем больше меняется язык — а в 1917-м жизнь поменялась круче некуда. Изменились нормы литературного языка — он стал «проще», ближе к народному, более «неправильный», что ли. Изысканные словесные обороты начала века стали немодны и даже опасны — показывали принадлежность говорящего к «бывшим», к «господам». Народ торопился: надо срочно строить новую жизнь, восстанавливать хозяйство. Речь стала еще более быстрой, полностью выговаривать слова было некогда — отсюда мода на всевозможные сокращения — «колхоз» вместо коллективное хозяйство, ГОЭЛРО вместо государственная электрификация России... Возникали новые слова («комсомол», «пятилетка», «субботник», «скоростник»), ушли в запас старые («гимназия», «государь», «юнкер», «гувернер»), некоторые слова приобретали новые значения («дружинник» из воина княжеской дружины стал членом народной дружины, «пионер» из первопроходца — членом детской организации).

Страницы «Букваря» Кариона Истомина. 1694 г.

Е. Жердзицкий. *Субботник*

Появились новые имена. Конечно, назвать дочку Электрификацией, Непрерывкой или Артиллерийской Академией было просто издевательством над ребенком, но это подлинные имена! Впрочем, не все новые имена были плохи. Язык принял такие, как Нинель (Ленин наоборот), Ким (Коммунистический интернационал молодежи), Владлен (Владимир Ленин) и некоторые другие.

Революция в обществе совпала с революцией в науке. Для русского языка это было немалым испытанием. Взять хотя бы такую проблему, как придумывание названий для новых материалов и механизмов. Как прикажете назвать, к примеру, постоянную времени изменения сверхпереходных электромагнитных величин по продольной оси при короткозамкнутой обмотке якоря синхронной

машины? Язык выходил из таких тупиков поразному: сокращал, убирал, вычеркивал...

Космический спутник

Космические слова.

Мы по праву гордимся тем, что в разные языки мира вошло русское слово «спутник», и считаем, что оно (в значении искусственного тела, вращающегося вокруг Земли) придумано в XX веке. Но еще в XIX веке Достоевский употребил это слово именно в современном значении: один его герой говорит, что если очень сильно запустить в небо топор, то он «будет обращаться вокруг Земли в качестве спутника». Очень удачным было слово «приземлиться», у него сразу появились близнецы: «прилуниться», «привенериться», «примарситься»... Но они оказались не столь жизнеспособны. Язык их отверг. А в одном фельетоне звездолет совершает посадку на планете из Созвездия Гончих Псов. И начальник экспедиции посылает радиограмму, что звездолет «присобачился».

М. Долгов. *М. Фрунзе у пионеров*

О. Авакимян. *Ночной старт*

СОВСЕМ НЕДАВНО

От лазера до евроремонта (1960—2000)

Даже ты, живущий на свете всего 12—15 лет, можешь вспомнить какие-нибудь изменения русского языка. А на памяти твоих родителей их было очень много.

Появление новых слов: «лазер» (в русском языке впервые упоминается в 1960), «бадминтон», «джинсы» (1963), «акваланг», «бикини», «хобби» (1964), «болонья», «смог», «цунами» (1965), «колготки» (1967). Еще позднее к нам пришли слова «маркетинг», «Интернет», «бутик», «евроремонт» и др. Некоторые старые слова приобрели новые значения, например, «сеть» и «паутина» теперь означают Интернет.

Появление новых выражений: в книге о нормах русского языка, напечатанной в 1978 году, приводится как сравнительно новое выражение «поживем-увидим».

Исчезновение старых выражений: в 1960 году в книге «Из жизни слов» Э. Вартаньян приводит словосочетания, которые, по мысли автора, должны

Л. Кириллова. У вишни

остаться в языке надолго: «дух Бандунга», «ветер с востока», «Панча шила» (они связаны с политической ситуацией того времени). И кто теперь их помнит?

Замена слов в старых выражениях: еще в 70-е годы говорили: «он служит в учреждении», «она на бюллетене», «кто крайний?». Теперь мы слышим: «он работает в учреждении», «она на больничном», «кто последний?».

О. Филатчев. *Современники*

И. Глазунов
Мистерия XX века

ВОЗМУТИТЕЛЬНАЯ «УЧЕБА» И КОВАРНЫЕ ЧИСЛИТЕЛЬНЫЕ

Ошибка или норма?
(конец XX—начало XXI века)

В XVII веке Французская Академия попыталась упорядочить французский язык — раз и навсегда. Для этого был создан словарь, где объяснялось, как правильно говорить и писать по-французски — на веки вечные. Но увы! Язык ежедневно меняется, и норма на сегодня может оказаться грубой ошибкой завтра. Например, в XIX веке в слове «токарь» ударение было на втором слоге. В 20-е годы XX века учителя, писатели и филологи возмущались тем, что люди употребляют «неправильное» слово «учеба» вместо «учение» (у писателя Ф. Гладкова даже случился сердечный приступ, когда он услышал это слово). Так слово «открытка» (вместо «открытое письмо»)

считалось в начале XX века одесским жаргонным словцом, а «раздевалка» (вместо «раздевальня») — вопиющим безобразием.

Сегодня нормой считается, когда в порядковых числительных склоняется только последняя часть: «две тысячи седьмой», «до две тысячи седьмого», «в две тысячи седьмом». Но сотни людей — от школьников до политиков — говорят неверно: «до двух тысяч седьмого», «в двух тысяч седьмом». Это грубая ошибка! Но поскольку она повторяется часто, в будущем такое произношение может стать нормой. А пока это абсолютно неправильно.

С. Григорьев
Первые слова

«ВЕЛИКОМУ И МОГУЧЕМУ» — БЫТЬ!

Перестройка в жизни и языке

— Прикинь, аппарат мой летит по Фурштатской, только кегли в стороны шарахаются! Пулеметчик притих, руками арбузную корку придерживает. Прикинь, разве не круто?

— Ванечка, а что я должна прикинуть? — спросила бабушка. — И что у тебя за аппарат для разбрасывания кеглей? И откуда ты взял пулемет? А зачем пулеметчику арбузная корка?

— Бабушка, ты ничего не понимаешь, — важно сказал Иван. — Все наши так говорят. «Аппарат» — это мотоцикл. «Кегли» — это пешеходы. «Пулеметчик» — это тот, кто сидит в коляске. «Арбузная корка» — это шлем. А «прикинь» — это, ну, «представь», что ли.

Ничего особенно страшного в этом диалоге нет. Во все времена молодежь пыталась говорить на своем языке. Сленг байкеров (мотоциклистов) уйдет в небытие точно так же, как в свое время ушел жаргон нигилистов XIX века, футуристов начала XX, хиппи 60-х.

Сегодня в русский язык опять хлынул поток иностранных слов, потому что изменилась жизнь и вместе со стремлением к западным идеалам пришли «западные» слова. Это ничего, это уже было в истории — при Петре I, при Екатерине II. Русский язык переварит чужое, оставит то, что ему нужно, отвергнет остальное. Вернулись в повседневную жизнь старые слова: «гувернер», «гимназия», «губернатор»...

И. Глазунов. *Вклад народов России в мировую культуру и цивилизацию*

Ушли разнообразные «советы», «совхозы»... Это тоже нормально. Возникают новые слова и выражения: «новые русские», «отмывание денег», «нефтедоллары»... Это естественная, хотя и непростая жизнь языка в сложную эпоху.

Опаснее другое... В последние 15 лет с нормами русского языка стали обращаться слишком вольно. И в газетах, и на телевидении — неправильные ударения, корявые безграмотные фразы. В книгах — жуткое количество ошибок и опечаток. А сколько ругательств мы слышим не только в автобусе и на рынке — на радио, в кино! А ведь мат — это яд для языка. Не потому даже, что это неприлично, а потому что человек вставляет матерное слово чаще всего тогда, когда не может выразить свою мысль нормальным человеческим языком. Подсчитано, что снизилось употребление синонимов — русский язык становится куцым и убогим. Снижается активный словарный запас — количество слов, которые употребляются в повседневной жизни. Разноцветный, яркий русский язык выцветает, как старая фотография...

Но, хочется надеяться, ничего еще не потеряно. Русский язык живет: устаревают слова, рождаются новые, меняются окончания, изменяется интонация, ускоряется темп, шлифуются нормы — ежечасно идет развитие языка.

И осуществляют это развитие не ученые, не правители страны, а все мы. От нас с тобой зависит, чтобы «гордый наш язык» — язык Пушкина и Гоголя, Достоевского и Толстого — на века остался «великим и могучим»!

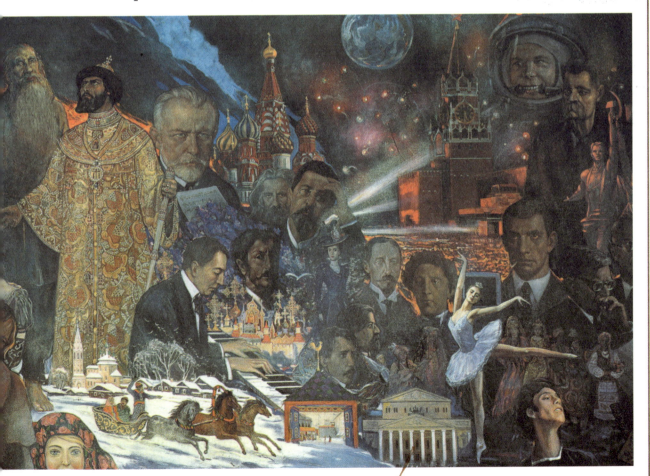

УДК 087.5:811.161.1 (091)
ББК 81.2Рус-03
С83

СОДЕРЖАНИЕ

Лаврова Светлана Аркадьевна

Русский язык
Страницы истории

Для среднего школьного возраста

Эта книга приоткроет перед Вами страницы истории русского языка. Вы узнаете, как зарождался язык, как он изменялся с течением веков, откуда пришли к нам хорошо знакомые слова и выражения

Издательство «Белый город»

Директор К. Чеченев
Директор издательства А. Астахов
Коммерческий директор Ю. Сергей
Главный редактор Н. Астахова

Редактор Н. Старостина
Корректор О. Скрипалёва
Компьютерная верстка: С. Завражина

ISBN 978-5-7793-1233-2
Лицензия ИД № 04067 от 23 февраля 2001 г.

Издательство «Белый город»,
111399, Москва, ул. Металлургов, 56/2
Тел.: (495) 780-39-11, 780-39-12, 916-55-95,
688-75-36, (812) 766-33-93
Факс: (495) 916-55-95, (812) 766-58-06

Сайт издательства: www.belygorod.ru
E-mail: belygorod@mail.ru

По вопросам приобретения книг
по издательским ценам обращаться по адресу:
105264, Москва, ул. Верхняя Первомайская,
д. 49а, корп. 10, стр. 2
Тел.: (495) 780-39-11, 780-39-12
111399, Москва, ул. Металлургов, д. 56/2
Тел. (495) 916-55-95

Отпечатано в полном соответствии с качеством
предоставленного электронного оригинал-макета
в ОАО «Ярославский полиграфкомбинат»
150049, Ярославль, ул. Свободы, 97
Дата подписания в печать 06.02.2007
Гарнитура SchoolBook, печать офсет,
формат 84 × 108, 1/16
Тираж 7 000 экз.
Заказ № 0702140.

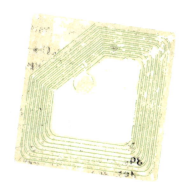